9 Juillet 1667

ORDONNANCES,
STATVTS,
ET REGLEMENS

DES MARCHANDS ET MAISTRES
Ouvriers de Draps d'Or, d'Argent, & Soye de la
Ville, Faux-bourgs & Banlieuë de Paris, & par
tout le Royaume de France, d'Etablissement Royal.

IMPRIMEZ A PARIS
Par les soins des Maistres & Gardes du Corps & Communauté
en Charge, l'an M. DC. LXVII.

STATVTS,

ORDONNANCES, ET REGLEMENS,

DONNEZ , CONCEDEZ , ET octroyez, par sa Majesté aux Marchands & Maistres Ouvriers en draps d'or , d'argent , & soye , & autres étoffes mélangées de la ville , faux-bourgs & banlieuë de Paris.

PREMIEREMENT,

IL est tres - expressément deffendu à tous Marchands & Maistres Ouvriers de draps d'or, d'argent , & soye , & autres étoffes mélangées, de travail- *Iours de Feries.* ler, vendre, ou faire vendre pour quelques causes , & sous quelque pretexte que ce soit, les jours de Dimanches, & Festes annuelles commandées de l'Eglise, à peine de saisie, transport des marchandises, & de vingt-quatre livres parisis d'amende.

A ij

4

I I.

Iours Feries
de Patron.

Tous les Marchands & Maiſtres dudit Eſtat ſe trouveront au jour & Feſte de Saint Loüis, Patron dudit Corps & Communauté, en l'Egliſe des Blancs-Manteaux, ſur les neuf heures du matin, pour aſſiſter à la Meſſe haute & ſolemnelle qui ſe celebrera, & pareillement le lendemain au Service qui ſera celebré pour le repos des ames des Marchands & Maiſtres dudit Eſtat qui ſont decedez, à peine de cinq ſols d'amende contre les deffaillans.

I I I.

Funerailles
des Mai-
ſtres.

Et arrivant le deceds de l'un des Maiſtres dudit Eſtat, ou de leurs femmes, leurs corps eſtans portez en terre, ſeront accompagnez des ſix Maiſtres & Gardes en charge, qui ſeront à ces fins avertis par les Clercs de la Communauté, qui s'y trouveront pareillement, aprés en avoir donné avis aux autres Maiſtres dudit Corps, qui auront paſſé par les Charges.

I V.

Nombre des
Maiſtres &
Gardes.

Pour faire obſerver & executer les preſens Statuts, Ordonnances, & Reglemens, & auſſi pour l'utilité du Corps, & Communauté, il y aura ſix Maiſtres & Gardes Iurez en Charge, qui ſeront perſonnes de probité, d'experience, & des plus notables dudit Corps, leſquels exerceront leurs Charges pendant trois années : Et l'élection ſera

faite au lendemain du jour de Saint Roch, au mois
d'Aouſt annuellement, de deux nouveaux, qui en-
treront en Charge au lieu & place des deux plus
anciens, qui auront fait leur temps.

V.

LADITE élection des Maiſtres & Gardes Iurez
ſera faite en preſence de Monſieur le Procureur
de ſa Majeſté au Chaſtelet de Paris, au Bureau
de ladite Communauté, par les ſuffrages des Maiſtres & Gardes en Charge, des anciens Gardes ſor-
tis de Charge, & par ſoixante Maiſtres dudit Corps
& Communauté, dont trente ſeront du nombre
des anciens, vingt des modernes, & dix des jeunes, tous leſquels ſeront aſſignez en vertu d'une
Ordonnance de Iuſtice, à la maniere accouſtu-
mée, & ſeront tenus de ſe trouver à ladite élection, à peine de huit livres d'amende, s'ils n'en
ſont diſpenſez par maladie, ou autre empeſche-
ment legitime. L'élection faite, leſdits Maiſtres &
Gardes élûs preſteront le ſerment de faire garder
& obſerver les Statuts & Reglement dudit Corps
& Communauté, empeſcher tous les abus & mal-
verſations, veiller à la conſervation de tous les
droits & privileges de ladite Communauté; & leur
ſera à cét effet délivré une Commiſſion pour les
authoriſer en la fonction & exercice de leurs Charges, ainſi qu'il ſe pratique.

Election des Maiſtres & Gardes.

A iij

V I.

Deüx anciens Maiftres & Gardes pour vifiter les Maiftres & Gardes en charge.

S E R A pareillement choifi & efleu tous les ans ledit jour lendemain de Saint Roch, par les mefmes perfonnes nommées pour l'élection des Maiftres & Gardes en la maniere cy-deffus, deux anciens Maiftres dudit Corps, qui auront paffé par les Charges de Gardes, pour vifiter feulement les manufactures & marchandifes des fix Maiftres & Gardes en charge, tant en leurs maifons, qu'en celles des autres Maiftres, leurs Compagnons, & Apprentifs, qui travailleront à façon pour eux : & ne pourront pretendre aucun droit pour lefdites vifites qu'ils feront, ny d'exemption d'eftre vifitez par les Maiftres & Gardes en charge, rang ny voix déliberatives, que celles de leur ancienneté, & leur fera délivré gratis une Commiffion pour les authorifer en la fonction & exercice de leurs Charges.

V I I.

Maiftres & Gardes faifans leurs vifites.

L E S D I T S Maiftres & Gardes faifans leurs vifites, tous Marchands, Maiftres, & Ouvriers dudit Eftat, feront tenus d'ouvrir leurs maifons, boutiques, magazins, chambres, armoires, coffres, contoirs, & lieux où fe feront & debiteront, où vendront les étoffes dépendantes dudit Eftat, pour eftre veuës & vifitées par lefdits Maiftres & Gardes Iurez ; & en cas qu'il s'en trouve quelques défectueufes, & contraires aux articles des prefens Statuts, feront faifies, confifquées & enlevées, dont

fera fait rapport pardevant Monſieur le Procureur
du Roy au Chaſtelet ; & les delinquans condamnez
en telles amendes qu'il appartiendra ; & ſe pourront faire leſdits Maiſtres & Gardes Iurez, aſſiſter
d'un Commiſſaire ou Sergent du Chaſtelet, ou autres, pour leur donner ayde, & priſon, ſi beſoin eſt,
contre les contrevenans, & auſſi pour faire ouver-
ture des lieux où ils auront eu avis qu'il y aura de
mauvaiſes Marchandiſes, en faire dreſſer des procez verbaux ; leſquelles ouvertures & ſaiſies ſeront
faites en vertu de leur Commiſſion, & de l'extraiɔt
du preſent article collationné par un Conſeiller &
Secretaire de ſa Majeſté, ſans qu'il ſoit beſoin d'autre permiſſion, viſa, ny pareatis : & ſeront les contrevenans au preſent article, punis ſelon l'exigence
des cas, & condamnez en telle amende & repara-
tion qu'il appartiendra , & comme s'agiſſant du
fait de police.

V I I I.

Il eſt enjoint à tous Compagnons, tant de la
ville, que forains , qui travailleront auſdites manufactures, de donner leurs noms & ſurnoms aux
Maiſtres & Gardes Iurez faiſans leurs viſites , enſemble leur faire voir leurs obligations & quittan-
ces d'apprentiſſages, & certificats, à l'égard des fils
de Maiſtres, pour eſtre enregiſtrées, ſi le tout eſt
en bonne & deuë forme ; ſinon il leur ſera interdit
de travailler : & deffenſes à tous Maiſtres de les

Devoirs des Ouvriers envers les Maiſtres & Gardes fai-ſans leurs viſites.

employer, jufques à ce qu'ils ayent fatisfait à ce que deffus, à peine de trente livres d'amende.

I X.

Marque de chacun Maiftre mife au Bureau.

SERONT tenus les Marchands & Maiftres dudit Eftat d'envoyer au Bureau d'iceluy une impreffion de leur marque particuliere, dont ils fe voudront fervir pour marquer leurs marchandifes, fans la pouvoir changer à l'avenir; enfemble le lieu de leurs demeures, lors qu'ils auront changé celles connuës aufdits Maiftres & Gardes, & les endroits où ils font travailler, tant en cette ville, fauxbourgs, qu'ailleurs; afin que lefdits Maiftres & Gardes puiffent aller vifiter les ouvrages, poids, & mefures, empefcher les abus & fraudes qui fe peuvent commettre, à peine de vingt-quatre livres parifis d'amende.

X.

Maiftres & Gardes vifiteront tant les étoffes fabriquées à Paris, que d'ailleurs.

SERONT pareillement tenus les Marchands & Maiftres dudit Eftat, de faire voir aufdits Maiftres & Gardes les marchandifes qu'ils auront acheptées, ou fait venir des autres villes & païs lointains, pour leurs comptes, pour eftre veuës, vifitées & marquées, avant qu'ils les puiffent vendre, & en faire le debit au public, à peine de vingt-quatre livres d'amende.

X I.

FERONT lefdits Maiftres & Gardes Iurez en charge

charge fix vifites generales chacune année chez *Nombre des* tous les Marchands & Maiftres dudit Eftat : Et *vifites ge-* neantmoins pourront vifiter toutesfois & quantes *nerales.* qu'ils le jugeront à propos pour l'utilité publique, & empefcher les abus, fans que pour ce ils puiffent pretendre aucun droit, que pour les fix vifites ge- nerales, qui eft de huit fols parifis pour chacune, par chacun Maiftre & Marchand où elles fe fe- ront; & feront tenus les Maiftres dudit Eftat de donner par écrit aufdits Maiftres & Gardes Iurez les noms & furnoms de leurs Apprentifs & Com- pagnons, pour eftre enregiftrez fur le livre de la Communauté, en cas qu'ils ne l'euffent efté, à peine contre les Maiftres de vingt-quatre livres d'amende.

XII.

Auront lefdits Maiftres & Gardes droit de vi- *Autres vifi-* fites, non feulement chez les Maiftres dudit Eftat, *tes des Mai-* mais encore vifiteront en tous lieux où il y aura de *ftres & Gar-* leurs ouvrages, pour eftre venduës & employées, *des en char-* & pourront faifir & enlever toutes fauffes & mau- *ge.* vaifes ouvrages, tant fur les Marchands de cette ville, que fur les forains.

XIII.

Lesdits Maiftres Iurez & Gardes s'affemble- *Iours d'af-* ront au Bureau de ladite Communauté tous les *femblée au* Mardis de chacune femaine, & autres jours ex- *Bureau du* traordinaires, s'il eft befoin, pour s'employer & *Corps.*

B

vacquer aux affaires de ladite Communauté, vifiter, & marquer les marchandifes foraines qui y
feront apportées, en faire donner avis aux Maiftres dudit Corps, pour les achepter & lottir fi bon
leur femble, & leur fera payé pour la marque de
chacune piece douze deniers tournois, dont moitié fera au profit defdits Maiftres & Gardes en charge, & l'autre au profit, & pour les affaires de ladite
Communauté: Et fur les plaintes & difficultez qui
furviendront entre les Maiftres, Compagnons,
Ouvriers, ou Apprentifs, ils fe pourront retirer
pardevant les Maiftres & Gardes, pour y terminer
à l'amiable leurs differens; & en cas de conteſta-
tion, fe pourvoiront en premiere inftance pardevant Monfieur le Procureur du Roy au Chaftelet,
à la maniere accouftumée, & par appel & renvoy
pardevant Monfieur le Lieutenant General de la
Police.

XIV.

Maniere de Regler les affaires im- portantes du Corps.

S'il furvient quelques affaires importantes, &
qui regarde le bien, utilité & privilege dudit Corps
& Communauté, feront les Maiftres & Gardes af-
fembler audit Bureau tous les anciens qui auront
paffé par les Charges de Maiftres & Gardes, en la
prefence defquels ils propoferont l'affaire; & ce qui
fera conclu & refolu à la pluralité des voix de
toute l'Affemblée, fera fuivy & obfervé par tous
les Marchands & Maiftres dudit Eftat, comme fi
tous y avoient efté appellez & mandez, & fera la

resolution & deliberation écrite sur le Registre de ladite Communauté.

XV.

ET afin que la largeur ordonnée par lesdits Statuts & Reglemens, soit observée sans abus, auront lesdits Maîstres & Gardes Iurez des mesures de fer ou de métail, qui seront faites à proportion desdites largeurs, & sur lesquelles elles seront marquées; & y aura aux deux extremitez desdites mesures les Armes du Roy & de la Ville, gravées, mesme celles dudit Corps. *Mesures.*

XVI.

SERONT tenus les Maîstres & Gardes de transcrire sur un Registre particulier les presens Statuts, Ordonnances, Arrests, & Reglemens, qui sont, & feront faits cy-aprés, pour servir aux affaires dudit Corps, & donner les éclaircissemens necessaires: lequel Registre sera remis par lesdits Gardes en charge, à ceux qui leur succederont. *Registres du Corps.*

XVII.

FERONT lesdits Maîstres & Gardes en charge un roolle de tous les Maîstres de leur Communauté, ausquels suivant iceluy ils délivreront gratuitement, pour une fois seulement, une copie imprimée des presens Statuts, signée d'un Huissier, & leur en feront signer la reception, afin qu'ils soient inexcusables aux contraventions à iceux, & feront *Statuts délivrez à chacun Maistre Marchand dudit Corps.*

B ij

lefdites copies imprimées, aux frais, & des deniers
de ladite Communauté, à la diligence defdits Maiftres & Gardes en charge, lefquels feront auffi tenus de faire en leur vifite generale un roolle où feront infcrits les noms des Maiftres dudit Corps,
& des fils defdits Maiftres, Compagnons, & Apprentifs qu'ils auront trouvez travaillans en ladite
ville & faux-bourgs, lefquels roolles, avec les titres & regiftres concernans les affaires dudit Corps,
ils remettront pareillement entre les mains de
ceux qui leur fuccederont, & ce par acte en forme, en prefence des anciens Maiftres qui auront
paffé par les charges, quinze jours aprés eftre fortis de charge.

X V I I I.

Temps des apprentiffages & fervice des Apprentifs.

LE temps des apprentiffages fera de cinq ans,
& aucun Maiftre ne pourra prendre des Apprentifs
pour moindre temps: Le Brevet fera paffé pardevant deux Notaires au Chaftelet de Paris, & enfuite fera enregiftré au Greffe de Monfieur le Procureur du Roy au Chaftelet, & fur le Regiftre de la
Communauté, à la diligence du Maiftre de l'Apprentif, dans quinzaine aprés qu'il fera entré
chez le Maiftre, à peine de quarante-huit livres
d'amende. Et pour éviter les fraudes & abus qui fe
commettent dans la paffation defdits Brevets d'apprentiffages, par intelligence d'un Maiftre dudit
Eftat avec des particuliers, demeureront actuellement lefdits Apprentifs en la maifon & fervice de

leurs Maiſtres, ſans pouvoir demeurer dehors, &
vacquer à autres affaires qu'à celles de leurſdits
Maiſtres pendant ledit temps de cinq ans, ſans que
les Maiſtres ſous leſquels ils feront leurſdits apprentiſſages les en puiſſent diſpenſer, ou diminuër
dudit temps en faveur de ſommes de deniers , &
autres dons & conventions qu'iceux pourroient
faire avec leurſdits Apprentifs, à peine de nullité
des Brevets & apprentiſſages, & de quarante-huit
livres pariſis d'amende contre le Maiſtre, & des
dommages & intereſts deſdits Apprentifs.

X I X.

NE pourront les Apprentifs s'abſenter du ſervice de leurs Maiſtres pendant le temps de leurs apprentiſſages ſans cauſe legitime,&jugée telle par les
Maiſtres & Gardes en charge, ou par Iuſtice. Pourra
le Maiſtre faire arreſter ledit Apprentif par tout où
il le trouvera, pour luy faire parachever ſon temps,
ſinon le ſommer par acte parlant à ſa perſonne, ou
domicile par luy eſleu, aux fins qu'il ait à continuer
ſon ſervice ; & aprés avoir attendu un mois, pourra le faire rayer & forclore du livre dudit Eſtat, &
en prendre un autre, ſans que l'Apprentif qui aura
quitté, puiſſe ſe prevaloir du temps qui ſe ſera écou-
lé pendant ſon premier apprentiſſage, ſauf à luy à
s'obliger de nouveau avec un autre Maiſtre, pour
le meſme temps de cinq ans: & en cas que ledit
Apprentif revint avant que d'eſtre rayé, ſon Maiſtre le pourra reprendre en achevant, & parfour-

*Apprentifs
ne pourront
s'abſenter.*

B iij

niſſant le temps perdu , temps pour temps, & non
pour argent : Et ſi le Maiſtre avoit pris un ſecond
Apprentif, ſans avoir fait rayer le premier, ſera ledit dernier apprentiſſage de nul effet , & le Maiſtre condamné en vingt-quatre livres pariſis d'a-
mende.

X X.

Nombre d'Apprentifs , & ce qu'ils doivent faire à la fin de l'apprentiſſage.

CHACUN Maiſtre ne pourra prendre plus d'un
Apprentif, & ſera tenu ledit Maiſtre huit jours
aprés la fin de l'apprentiſſage faire faire audit Apprentif au Bureau de la Communauté une aulne de
l'un des quatre draps à ſon choix, & ſera tenu ledit
Maiſtre de donner quittance en bonne forme à
ſondit Apprentif, ſauf à luy à ſe pourvoir pour ce qui
luy pourra eſtre deû à cauſe dudit apprentiſſage ; &
ladite aulne eſtant bien travaillée, ſera ledit Apprentif enregiſtré au livre des Compagnons, ſans frais, à
peine contre les Maiſtres de quarante-huit livres pariſis d'amende, & de ne pouvoir obliger d'Apprentifs à l'avenir, juſques à ce qu'il aye ſatisfait à l'aulne de ſondit Apprentif, & payera ledit Maiſtre au
Bureau dix livres tournois , pour laquelle ſomme
ſera fourny ſoye & uſtencilles audit Apprentif.
Pourra neantmoins le Maiſtre prendre un autre
Apprentif, à la cinquiéme année du premier.

X X I.

Apprentif ſans employ

ET au cas que le Maiſtre dudit Eſtat s'abſente
de la ville, faux-bourgs, & banlieuë de Paris , &

laiſſe ſon Apprentif ſans employ pendant un mois, *y ſera pour-*
il ſera loiſible aux Maiſtres & Gardes Iurez en *vû par les*
charge , de remettre l'Apprentif chez un autre *Maiſtres &*
Maiſtre , pour parachever le temps de ſon appren- *Gardes.*
tiſſage , ſans que ledit Maiſtre , en cas de retour,
puiſſe prendre ledit Apprentif, ny en obliger un
autre , qu'aprés le temps expiré de ſondit Apprentif , à peine de trente livres d'amende : Et au cas
qu'aucun d'iceux Maiſtres n'euſſe de l'ouvrage pour
occuper ſondit Apprentif , le remettra és mains
deſdits Maiſtres & Gardes Iurez , pour luy pourvoir d'un autre Maiſtre , aux meſmes peines que
deſſus ; & ne pourra le Maiſtre , qui remettra ledit
Apprentif, en obliger un autre, qu'il n'aye de quoy
l'employer.

XXII.

Pour empeſcher les fautes & abus, & qu'au- *Brevets*
cuns Maiſtres ne puiſſent tenir qu'un Apprentif, *d'apprentiſ-*
tous les Maiſtres ſeront tenus de le repreſenter en *ſages enre-*
perſonne, avec les Brevets, quinze jours aprés la *giſtreȝ ſur*
le livre du
paſſation d'iceux , pardevant les Maiſtres & Gar- *Corps.*
des dans leur Bureau, comme auſſi les Actes de re-
miſes , & tranſport deſdits Apprentifs , le tout à
peine de trente livres d'amende ; & ſeront leſdits
Brevets enregiſtrez ſur le livre de la Communauté.

XXIII.

Devoir des
Les Compagnons avant que pouvoir parvenir à *Compa-*
la Maiſtriſe, ſeront tenus de ſervir les Maiſtres pen- *gnons.*

dant trois années, en ladite qualité, & ne pourront lefdits Compagnons, Ouvriers, ny les Apprentifs, vendre ny achepter des étoffes, & foye, ny en faire aucun commerce, en quelque forte & maniere que ce foit, par eux, ou par perfonnes interpofées, fur peine de punition corporelle.

X X I V.

Devoirs des Compagnons forains, & leurs privileges.

Nul Compagnon forain, ou étranger, ne pourra gagner la franchife, qu'il n'aye travaillé cinq ans en cette ville de Paris, & que fon nom n'ait efté enregiftré fur le Regiftre de la Communauté à fon arrivée; pour raifon de quoy il payera vingtquatre fols parifis; & en cas qu'ils vouluffent s'établir en ladite ville de Paris, aprés avoir travaillé lefdites cinq années, feront lefdits forains, ou étrangers receus & paffez Maiftres, en payant les droits accoûtumez; & en confequence de leur reception, iceux Ouvriers étrangers feront declarez naturels, & regnicoles, & difpenfez du droit d'Aubaine, fans que pour ce ils foient tenus de prendre d'autres Lettres de naturalité, que ces prefentes, ny pour ce payer aucune finance; & joüiront eux, leurs fucceffeurs, & ayans caufe, des biens, & acquifitions qu'ils auront faites, & feront cy aprés en ce Royaume, comme les autres Sujets de fa Majefté, en travaillant actuellement, ou faifant travailler aufdites Manufactures.

X X V.

XXV.

Aucun ne pourra eſtre receu Marchand , & *Draps de chef-d'œu-vre.* Maiſtre dudit Eſtat, s'il ne fait chef-d'œuvre dans le Bureau commun, ſur l'un des quatre draps cy-aprés nommez ; ſçavoir, ſur le velours plain , le ſatain plain , le damas, le brocard d'or, ou d'argent : Et pour perfectionner d'autant plus la manufacture deſdites grandes étoffes, & faire en ſorte que perſonne ne ſoit admis dans ledit Corps, qui ne ſoit tres-capable d'y travailler, les fils de Maiſtres ſeront tenus de faire experience.

XXVI.

Nul Apprentif, & autres, ne pourra eſtre re-*Reception à la Maiſtriſe, & ce qui eſt neceſſaire pour y parvenir.* ceu Marchand, & Maiſtre dudit Eſtat, qu'il n'aye ſa quittance de cinq années, qu'il n'aye travaillé trois ans pour Compagnon, qu'il n'aye fait chef-d'œuvre ſur l'un des quatre draps mentionnez en l'article cy-deſſus, & lequel ne ſoit trouvé de bonne vie, mœurs, & de la Religion Catholique, Apoſtolique & Romaine, meſmes à l'égard des fils de Maiſtres, qui ne pourront eſtre receus, s'ils ne ſont de ladite Religion. Le chef-d'œuvre ſera fait dans le Bureau commun , en preſence des Maiſtres & Gardes, & de huit anciens, qui auront paſſé par les charges dudit Corps ; & lors qu'il ſera parachevé, il ſera viſité par leſdits Gardes en charge, huit anciens, & huit modernes & jeunes Maiſtres, s'il eſt trouvé dans la perfection requiſe. L'Aſpirant ſe-

ra receu en payant les droits accoûtumez ; & pre-
ftera le ferment pardevant Monfieur le Procureur
du Roy au Chaftelet, en la forme ordinaire, fans
que les Afpirans foient tenus, ny puiffent faire aucuns feftins devant ou aprés la reception : Ce qui
leur eft expreffément deffendu, & aux Maiftres &
Gardes, & affiftans, de le fouffrir, ny de l'accepter,
s'il leur eftoit prefenté, à peine contre eux, folidai-
rement, de deux cens livres d'amende, applicable
à l'Hofpital General, & dont fera délivré executoi-
re par le Prevoft de Paris, aprés la preuve fommaire
qui en fera faite fur la plainte de Monfieur le Procureur du Roy au Chaftelet, ou de la dénonciation
de deux Maiftres, & contre l'Afpirant de fufpen-
fion de fa reception pour un an.

XXVII.

Les Maiftres feuls pour-ront faire travailler, & feront les Maiftres & Gardes pre-fens aux chef-d'œu-vres. Aucunes perfonnes ne pourront travailler,
ny faire travailler en cette ville, faux-bourgs, &
banlieuë de Paris, à aucunes defdites étoffes, contenuës, & dépendantes des prefens Statuts & Re-
glemés, qu'elles n'ayent fait le chef-d'œuvre fur l'un
des quatre draps cy-devant énoncez, en prefence
defdits Maiftres & Gardes Iurez de cette ville de
Paris, & par eux receües en la maniere accoûtumée.

XXVIII.

Les vefves & filles de Maiftres af- Les vefves & filles de Maiftres époufant un
Compagnon de ladite ville, & forain, pour une
fois feulement, affranchiront ledit Compagnon du

temps qu'il feroit obligé de fervir les Maiftres, fui- *franchiſſent*
vant les prefens Statuts ; feront neantmoins un *un Compa-*
chef-d'œuvre à leurs receptions,& ne payeront que *pagnon.*
comme les fils de Maiftres.

XXIX.

Les vefves defdits Maiftres pourront entretenir *Vefves de*
le negoce de leur deffunt mary, fans pouvoir pren- *Maiftres*
dre aucun Apprentif ; pourront toutesfois lefdits *peuvent*
Apprentifs de leurs deffunts maris achever le temps *continuër*
reftant de leurs apprentiffages en la maifon defdites *leurs ne-*
vefves. *goces.*

XXX.

Et pour détourner les Maiftres travaillans à *Les malver-*
façon, Compagnons, Oüvriers, Apprentifs, De- *fations ju-*
videufes, Molinieres, & autres employez à la ma- *gées en der-*
nufacture des fufdites étoffes, de commettre des *nier reſſort,*
larcins, malverfations, & volleries, & leur ofter *& le privi-*
l'efperance de s'en procurer l'impunité par des ap- *lege des*
pellations temeraires, lefquelles font tres-fouvent *Maiftres fur*
abandonnées par les parties inthimées, par la crain- *ce qui leur*
te des grands frais, & des longues procedures ; la *appartient.*
Declaration de fa Majefté faite fur ce fujet le 13.
Iuillet 1664. pour la ville de Lyon, fera obfer-
vée à Paris; ce faifant, il fera procedé extraordi-
nairement par Monfieur le Lieutenant General de
Police (appellé avec luy jufques au nombre de
fept Confeillers au Chaftelet) contre les coupa-
bles defdits larcins, malverfations, & volleries;

enfemble contre les complices, recelleurs, & ad-
herans, jufques à Sentence diffinitive , & dernier
reffort, de deux cens cinquante livres d'amende,
reftitutions, & reparations civiles, & aux peines af-
flictives de fleur de lys, ou foüet, application au car-
can, & de toute autre condamnation, à l'exception
de celle des galleres, & de mort; & fubiront lefdits
Maiftres travaillans à façon, les mefmes loix que
les Compagnons : Deffenfes à tous Maiftres, Marchands, & Fabricans dudit Eftat, de prendre , ny
donner employ à aucuns Ouvriers, fans qu'au
prealable ils leur faffent apparoir un certificat du
dernier Maiftre qui les aura employez, auquel certificat les Maiftres & Gardes en charges y appofe-
ront le fceau de leurdit Corps; & ne pourront lefdites étoffes , foyes, ou uftencilles fervans audit
travail, & qui feront données aufdits Maiftres travaillans à façon, leurs Compagnons, Apprentifs,
ou autres Ouvriers dudit Eftat , eftre faifies pour
leurs debtes particulieres, amende, ou autres femblables ; & fera permis aux Maiftres qui feront travailler, de reclamer , fuivre , mefme enlever lefdites foyes, étoffes, & uftencilles à eux apparte-
nans, nonobftant toutes faifies, privileges, oppo-
fitions, ou appellations, & autres chofes à ce contraires , en vertu du prefent article. Et fi lefdits
Maiftres travaillans à façon, ou Ouvriers s'abfen-
tent de ladite ville de Paris , fans rendre compte
defdites foyes, étoffes, ou uftencilles, ils pourront
eftre pris, & arreftez à la fimple requifition defdits

Marchands , & Maiſtres dudit Eſtat, en quelques
lieux qu'ils ſoient, comme larrons & debiteurs fu-
gitifs, & conduits és priſons de ladite ville de Paris, pour eſtre leur procez fait & parfait , ſuivant
la rigueur des Ordonnances , ainſi qu'à ceux qui
auront participé , ou aydé auſdits vols , & fraudes,

XXXI.

Sous le bon plaiſir du Roy, les étoffes, ſoyes, *Privilege*
fleuret, laines, poil de chameau, fil, cotton, & au- *des Maiſtres*
tres matieres ſervans auſdites manufactures , ne *à cauſe de la*
pourront eſtre ſaiſies, ny enlevées pour quelques *Manufactu-*
debtes que ce ſoit, au préjudice de la preference *re.*
appartenant à celuy qui les aura vendus , dont le
prix ou partie d'iceluy luy ſeroit encore deû, meſme
les outils, moulins, meſtiers, & autres uſtencilles,
ne pourront eſtre ſaiſis pour quelque debte que ce
ſoit, ſi ce n'eſt pour les loyers des maiſons qu'ils
occupent, dont leſdits outils, meſtiers, & uſtencilles ſont reſponſables, & non les étoffes , & marchandiſes : Et meſme en conſequence du Reglement du Conſeil de ſa Majeſté du quatriéme Iuillet
mil ſix cens ſoixante-quatre , regiſtré en la Cour
des Aydes de Rouën, & de l'Arreſt du Conſeil d'E-
ſtat du vingt-ſixiéme Novembre mil ſix cens ſoi-
xante-cinq, donné en faveur des manufactures de
la ville d'Aumalle, & dix lieuës aux environs ; deffenſes ſont faites à tous Collecteurs des tailles, & de
l'impoſt du ſel, & à toutes autres perſonnes, pour
quelque cauſe que ce ſoit, de faire ſaiſir, ny enle-

ver, & vendre lefdites matieres, uftencilles, & meftiers fervans à ladite manufacture de draps d'or,
d'argent, & foye, de ladite ville, & faux-bourgs de
Paris, & dix lieuës aux environs d'icelle, pourveu
qu'ils travaillent actuellement aufdites fabriques;
& à tous Huifliers, ou Sergens de faire lefdites faifies, à peine d'interdiction de leurs Charges, cinq
cens livres d'amende, & de tous dépens, dommages & interefts; & à cét effet, les prefens Statuts &
Reglemens, Arreft, & Lettres patentes qu'il plai-
ra au Roy d'accorder, pour l'omologation d'iceux,
feront regiftrées, leuës & publiées par tout où befoin fera.

XXXII.

Devoirs des Maiftres les uns envers les autres. LES Maiftres dudit Eftat, qui prendront Ouvriers & Compagnons, pour travailler pour eux,
feront tenus de fçavoir fi les Maiftres d'où ils feront fortis, en font contens, nonobftant tous certificats, qu'autres actes; & à faute de ce faire, ledit
Maiftre fera condamné à quarante-huit livres parifis d'amende; & ne pourront aucuns Maiftres dé-
baucher les Apprentifs, ou Ouvriers, de quelques
qualitez qu'ils foient, de chez un autre Maiftre, &
avancer aufdits Ouvriers des fommes de deniers,
pour les attirer à eux, auffi à peine de quarante-huit
livres parifis d'amende.

XXXIII.

S1 un Maiftre veut donner congé à un Ouvrier,

il fera tenu de l'avertir un mois auparavant, & auffi *Congé du* ledit Ouvrier, ou Compagnon, ne pourra aller tra- *Maiſtre en-* vailler chez un autre Maiſtre, fans l'avertir pareil- *vers ſon Ou-* lement au prealable un mois ; & fera tenu ledit *vrier tra-* Compagnon, & Ouvrier, d'achever la piece d'ou- *vaillant à* vrage qu'il aura montée, ou commencée, quelque *façon pour* temps qu'elle dure, à peine de douze livres parifis *luy, & le re-* d'amende. Et neantmoins, en cas d'infuffifance *ciproque de* dudit Ouvrier, pourra le Maiſtre le mettre dehors *l'Ouvrier ;* toutesfois & quantes que bon luy femblera; & en *& la manie-* cas qu'un Maiſtre donne congé aufdits Maiſtres, *re d'eſtre* Compagnons, ou Ouvriers travaillans pour eux à *payé de ſon* façon, l'ancien & premier Maiſtre ne pourra con- *deû.* traindre le nouveau Maiſtre chez lequel lefdits Compagnons & Ouvriers iront travailler, de luy payer fur ce qui luy fera deû, que la huitiéme par- tie du travail de l'Ouvrier, & fera toûjours ledit an- cien, & premier Maiſtre, preferable au nouveau, quelques debtes que puiffent contracter & faire lefdits Ouvriers : Et au contraire quand l'Ouvrier quittera fon Maiſtre, en luy donnant congé, fera le nouveau Maiſtre tenu de payer comptant tout ce qui fera deû par ledit Ouvrier à fon dernier Mai- ſtre , avant que de pouvoir employer ledit Ou- vrier, à peine de foixante livres d'amende; & ne pourront lefdits congez valider, s'ils ne font par écrit.

XXXIV.

Aucun Maiſtre dudit Eſtat ne pourra donner à

Les Maiſtres ne pourront employer les Ouvriers, qu'en leur faiſant apparoir de leur acte de Compagnon. travailler aux Compagnons forains, qu'ils ne leur faſſent apparoir, au moins dans un mois, d'un certificat des Gardes & Iurez du lieu d'où ils viennent, comme ils eſtoient Compagnons audit lieu, & que les Maiſtres chez leſquels ils auront travaillé, ſoient contens de leurs ſervices & fidelité ; lequel certificat ſera mis és mains des Maiſtres & Gardes Iurez du lieu où ils auront employ, à peine de ſoixante livres d'amende contre les contrevenans.

X X X V.

Police. QUE les Maiſtres, Ouvriers travaillans à façon, & Devideuſes, ſeront tenus de monſtrer & exhiber auſdits Marchands, & Maiſtres, toutesfois & quantes qu'ils en feront requis, les ſoyes qu'ils auront receuës pour ouvrer ou devider, à quoy ils pourront eſtre contraints par priſon, en cas de refus.

X X X V I.

Reglemens pour les Brevets paſſez avant les preſens Statuts. LES Compagnons, & Apprentifs, qui ont commencé à travailler, paracheveront leur temps porté par les Brevets d'apprentiſſages, à la charge toutesfois que les Maiſtres, Compagnons, Apprentifs donneront le jour au vray qu'ils ont commencé, avec le certificat de leurs Maiſtres ; & les Maiſtres repreſenteront auſdits Maiſtres & Gardes Iurez, inceſſamment, les Brevets cy-devant faits de leurs Apprentifs, pour éviter à toutes fraudes, à peine de quarante-huit livres pariſis d'amende.

X X X V I I.

XXXVII.

LES Marchands, & Maiſtres dudit Eſtat, ou *Les Maiſtres* leurs vefves, faiſant fabriquer, tiendront un livre *auront un* & Regiſtre de la quantité & qualité des ſoyes, or, *Regiſtre* & argent, qu'eux, leurs vefves, enfans, ou leurs *de leurs* *ouvrages,* Commis, auront délivrées aux Maiſtres travaillans *donneʒ pour* à façon, ou Ouvriers pour mettre en œuvre ; com- *travailler à* me auſſi des ſoyes, & étoffes receuës deſdits Ou- *façon.* vriers, avec le poids, aulnage, & façon, enſemble l'argent compté & avancé. Le ſemblable ſera ob-ſervé par leſdits Maiſtres travaillans à façon, & Ouvriers, leſquels auront auſſi un Regiſtre devers eux, écrit de la main deſdits Marchands, & Mai-ſtres dudit Eſtat, de leurs enfans, ou de leurs Com-mis, leſquels livres, en cas de differend, ils ſeront tenus reſpectivement d'exhiber & repreſenter ; & à faute d'eſtre repreſentez par l'un d'iceux, foy ſera adjoûtée à celuy des deux qui ſera repreſenté, com-me ſi c'eſtoit écritures authentiques, faites entre leſdits Maiſtres, & leſdits Ouvriers.

XXXVIII.

DEFFENSES ſont faites à tous Taverniers, Ca- *Police.* bareſtiers, Hoſtelliers, Boulangers, Revendeurs, Proprietaires de maiſons, & autres perſonnes de quelques qualitez & conditions qu'elles ſoient, d'achepter, ou prendre pour gages en payemens de loyers, ou autrement, des étoffes de draps d'or, d'argent, & ſoye ; ſoyes creuës, teintes, ou autres

D

uftencilles des mains des Maiftres travaillans à façon, Compagnons, Apprentifs, ferviteurs, & do-
meftiques des Marchands, & Ouvriers; & feront
tenus, fi lefdites marchandifes leur font prefentées
à vendre, ou pour gages, de s'en faifir & arrefter,
& de les dénoncer aux Maiftres, & Gardes Iurez
dudit Eftat, fi faire le peuvent, finon nommer
ceux qui les auront prefentées, & l'empefchement
pour lequel ils n'auront pû d'icelles fe faifir, fur peine, tant contre les vendeurs qu'achepteurs, d'e-
tre punis comme recelleurs & larrons.

XXXIX.

Boutiques ouvertes.

NE pourront les Marchands, & Maiftres dudit
Eftat, tenir qu'une boutique ouverte fur ruë, ou
échoppe, tant en cette ville, faux-bourgs, qu'au
Palais; y mettront des tapis, & fur iceux telles étoffes que bon leur femblera, des qualitez cy-deffus
exprimées.

X L.

Privilege des Mai-ftres.

LESDITS Marchands, & Maiftres dudit Eftat,
tant ceux qui font à prefent receus, que ceux qui fe
feront cy-aprés recevoir par chef-d'œuvre, fur
l'un des quatre draps cy-devant nommez, pourront travailler, & faire travailler, vendre, achepter,
trocquer, échanger, & debiter, tant en gros qu'en
détail, de toutes les étoffes cy-aprés déclarées, &
dépendantes dudit Eftat & manufacture, tant de
cette ville de Patis, qu'autres de ce Royaume.

XLI.

To u s les Marchands, & Maiſtres dudit Eſtat, *Privilege* qui auront eſté receus en cette ville de Paris, pour- *des Mai-* ront aller demeurer, & exercer ledit Eſtat, en toutes *ſtres par tout* les villes, bourgs, bourgades, & autres lieux de ce *le Royaume.* Royaume, ſans eſtre pour ce tenus de faire nou- veau ſerment, ny experience eſdites villes & lieux; mais ſeulement faire apparoir de leur acte de rece- ption audit Eſtat, & faire enregiſtrer ledit acte au Greffe de la Iuſtice ordinaire du lieu, où ils iront demeurer, ſoit Royale, ou ſubalterne.

XLII.

Au c u n s Maiſtres, ny vefves de Maiſtres de la- *Police.* dite Communauté, ne pourront faire acte de Cour- tiers, preſter leurs noms, ou marques, pour travail- ler, ny faire travailler, & vendre des marchandiſes & étoffes dudit Eſtat, pour Etranger, ou pour au- tre perſonne que pour eux, à peine de ſaiſie, tranſ- port, enlevement, & confiſcation deſdites mar- chandiſes, & de quatre-vingt livres pariſis d'a- mende, payable par celuy qui preſtera ſon nom, & par celuy qui ſera avoüé, & empruntera le nom de ſon Maiſtre.

XLIII.

Et pour empeſcher qu'il ne ſoit vendu & debi- *Etoffes &* té aucune marchandiſe & étoffes, que des lar- *ouvrages* geurs, bontez, & qualitez mentionnées aux preſens *viſitées, &*
marquées.

Statuts ; deffenfes font faites à tous Marchands,
& Maiftres dudit Eftat, de vendre, ny expofer en
vente, aucuns draps d'or, d'argent, & foye, & autres étoffes, mélées de poil de chevre, fleuret, galet-
te, fil, laine, & cotton, qu'elles ne foient marquées d'un plomb de la maque d'un Marchand fa-
briquant dudit Eftat, & n'ayent encore efté veuës,
vifitées, & marquées par les Maiftres & Gardes
Iurez en charge, au Bureau de la Communauté,
d'un petit plomb, où fera d'un cofté les armes de la
ville, & de l'autre, celles de ladite Communauté;
& fera tenu Regiftre des noms & furnoms des
Maiftres, aufquels lefdites marchandifes appar-
tiendront; & mefme pour aufli empefcher que les
Maiftres & Gardes Iurez en charge n'abufent de
leur authorité, pour couvrir les défectuofitez des
marchandifes appartenantes aufdites Gardes Iurez:
icelles feront veuës, vifitées, & marquées audit Bureau par les deux anciens Gardes, Maiftres dudit
Corps, qui auront efté nommez & choifis à cét
effet, comme il eft dit au fixiéme article des prefens
Statuts: Et à cette fin feront lefdites marchandifes
apportées audit Bureau, & auront pour ce faire lefdits deux anciens une marque differente d'un cofté
de celles dont lefdits Gardes Iurez fe ferviront, faifant deffenfes à tous Marchands, Commiffaires,
qu'autres perfonnes, de lever ledit plomb & marque, ny en mettre d'autres, comme aufli de vendre lefdites marchandifes fous le nom de Fabrique étrangere, le tout à peine de confifcation d'i-

celles, & de foixante livres d'amende, pour la premiere fois, & pour la feconde, de cinq cens livres.

XLIV.

Tous Marchands & Maiftres dudit Eftat, feront tenus de payer aufdits Maiftres, & Gardes Iurez en charge, pour la marque de chacune piece
d'étoffe, douze deniers tournois, dont moitié fera
pour le profit & pour les affaires de la Commu-
naüté, & l'autre moitié, pour les vacations des
Maiftres & Gardes Iurez en charge. *Ce qui fe paye pour marque de chacune pie-ce.*

XLV.

Pourront tous les Marchands, & Maiftres
dudit Eftat, fuivant & conformément à l'Arreft
contradictoire du Confeil d'Eftat, fa Majefté y
eftant, du huitiéme Avril mil fix cens foixante-fix,
travailler, & faire travailler à l'exclufion de tous
autres, toutes fortes de draps d'or, d'argent, &
foye, poil, fil, fleuret, laine, & cotton, ou mélée,
pourveu qu'ils foient d'un tiers d'aulne, & au deffus. *Privilege des Maiftres à l'exclufion de tous au-tres, pour la fabrique des draps d'or, & foye.*

XLVI.

Les velours forts, vulgairement appellez fix liffes, qui fe feront en la ville, & faux-bourgs de Paris, pourront eftre de deux fortes; fçavoir, à quatre
poils, & trois poils, & fe feront en un peigne de vingt
portées, qui font foixante portées de chefnes: Ceux
de quatre poils, feront de quatre-vingts portées de
poil, chacune portée de quatre-vingts fillets : Et *Velours fors à trois & quatre poils.*

D iij

ceux de trois poils feront de foixante portées de
poil, & de foixante portées de chefne, chacune
portée auffi de quatre-vingt fillets; lefdits velours
à quatre poils eftans de huit fils de poil par chacune
dent de peigne; & ceux à trois poils à fix fils de poil
par dent, à la charge que les poils & chefnes feront d'organcin fillé, & tordu au moulin, & tramé de trame, doublée & montée au moulin, le
tout cuit, & de bonne, pure, & fine foye, fans que
l'on y puiffe employer aucun fleuret, ny autre efpe-
ce provenus de la bourre de foye, & feront lefdits
velours de largeur d'onze-vingt quatriémes d'aulne, entre les deux lizieres, qui font les largeurs ac-
coûtumées, lefquelles lizieres feront marquées;
fçavoir, celles de velours à quatre poils, par quatre chefnettes, & ceux des velours à trois poils, par
trois chefnettes, lefdites lizieres eftans de couleurs
differentes. Et quant aux velours dont la chefne,
trame, & poil feront tous cramoifis, il y aura un
filet d'or, ou d'argent fin, au milieu de la liziere,
pour les diftinguer de ceux où il y aura de couleurs
communes, en chefne, & trame, le tout à peine de
foixante livres d'amende, & de confifcation des
marchandifes.

X L V I I.

Velours à un poil, poil & demy, & deux poils. IL eft permis de faire des velours de moyen &
bas prix; fçavoir, les moyens à deux poils, & à un
poil & demy, & ceux de plus bas prix, que l'on ap-
pelle petits velours, eftans tous à quatre liffes, &

se feront lesdits velours de deux poils, ou poil &
demy, en un peigne dit de vingt portées, c'est à
dire, pour les velours à deux poils quarante portées
de chesne, & quarante portées de poil, chacune de
quatre-vingt fils ; & pour ceux d'un poil & demy,
de quarante portées de chesne, & trente portées de
poil : Et quant aux petits velours de bas prix, ne
pourront estre faits à moins de dix-neuf portées de
peigne, qui font trente-huit portees de chesne, &
dix-neuf portées de poil, chacunes de quatre-
vingt filets, lesquels poils & chesnes de toutes les-
dites trois sortes de velours, ne pourront estre que
organcin filé, & tordu au moulin, & les trames de
bonne & pure soye, le tout cuit, & non crud, comme autresfois, & feront tous lesdits velours d'onze-
vingt quatriémes de largeur, entre les deux lizieres, lesquelles seront marquées par deux chesnettes, pour les velours à deux poils: Et pour les velours d'un poil & demy, auront d'un costé deux
chesnettes, & de l'autre une chesnette; & pour les
velours de bas prix, auront une chesnette de chacun costé, pour la distinction entiere desdits velours, & éviter qu'ils ne soient débitez les uns
pour les autres, le tout sur les peines que dessus.

XLVIII.

FERONT aussi les Maistres dudit Estat toutes *velours fi-*
sortes de velours figurez, & raz ; coupez, tirez, *gurez.*
comme aussi des pannes, & pluches, à la charge
que les chesnes, & poils, feront organcin fillé, &

tordu au moulin, & tramé de pure & fine foye cuite, & non cruë, & feront de largeur d'onze-vingt
quatriémes d'aulne, à peine de confifcation, & de
foixante livres d'amende.

XLIX.

Draps d'or figurez. Seront les draps d'or, & d'argent, tant frifez, que brochez, & lames d'or, & d'argent, tant plaines, que façonnées, le gros de naple, poulx de foye; les fatins, tant plains, que façonnez, Damas; Venicienne, Damaffin, Luquoife, Valoife, velours à fonds d'or, farge de foye, tabis à fleurs, & taffetas façonnez, & generalement toutes fortes d'étoffes, fous quelques noms qu'elles puiffent eftre, feront de largeur de demy aulne moins un vingt-quatriéme d'aulne entiere, fans qu'elles puiffent eftre de moindre largeur, à peine de confifcation, & de foixante livres d'amende.

L.

Chefnes & poil des étof-fes. Les chefnes, poil, & trames defdites étoffes, feront entierement de pure & fine foye cuite, fans que l'on y puiffe méler de la foye teinte fur cru, ny autre chofe qui les puiffent rendre deffectueufes, ou de moindre valleur, à peine d'eftre lefdites marchandifes coupées, & confifquées, & le Maiftre condamné en quarante-huit livres parifis d'amen-
de, pour la premiere fois, & de plus grande s'il y échoit.

LI.

L I.

LES taffetas, ou tabis plains, en deux, ou trois fils par chacune dent de peigne, auront les chefnes d'organcin filé, & tordu au moulin, & les trames doublées & montées au moulin, le tout de fine & pure foye cuite, & feront d'onze-vingt quatriémes d'aulne de largeur, entre les deux lizieres, ou de demie aulne, ou de cinq huit, autrement dit de demie aulne demy quart auffi de largeur, pour lefdits taffetas, & tabis, feulement, & feront en compte ; fçavoir, celuy de onze-vingt quatriémes, de vingt-quatre portées, celuy de demy aulne, de vingt-fix, & celuy de cinq huit, de trente-fix, de quatre-vingt fils chacune, & pourront augmenter lefdites portées dans lefdits peignes, à proportion, de quatre, fix, huit, & douze fils par dent de peigne, & pareillement augmenter les largeurs au deffus de cinq huit ; & pour les diftinguer auront les trois fils par dent, une liziere à chefnette de differentes couleurs, & n'y pourra eftre employé aucun fleuret, gallette, ny bourre de foye.

Taffetas, & tabis.

L I I.

FERONT auffi des taffetas noirs luftrez, & de toutes couleurs, tant à quatre fils & huit par chacune dent de peigne, qu'au deffus, lefquels ne pourront eftre faits à moindre compte ; fçavoir, les taffetas à quatre fis, appellez vulgairement ordinaires, de demie aulne de largeur, auront en chef-

Autres taffetas.

E

ne quarante-huit portées, & ceux de cinq octaves, ou demie aulne demy quart foixante portées,
de quatre-vingt fils chacune, les forts de demie
aulne de largeur, auront foixante portées ; & ceux
qui feront en cinq octaves, en auront foixante-
quinze : Et quant aux noirs, qui feront d'onze-
vingt quatriémes, ils auront une ou deux lizieres,
de couleurs differentes, à la chefne, & feront lefdites chefnes d'organcin filé, & tordu au moulin,
& les trames doublées, & montées audit moulin,
fous les mefmes peines que deffus.

L I I I.

Autres taffe-
tas.
FERONT pareillement les Maiftres dudit Eftat
des taffetas figurez à la marche, rayez en long, & à
travers, mouchetez, & avancez, tapis figurez, &
generalement de quelque maniere & couleur que
l'on les puiffe faire, tant à quatre, cinq, fix fils par
dent de peigne ; qu'au deffus feront de bonne &
pure foye, d'onze-vingt quatriémes d'aulne, entre
les lizieres de largeur, ou de demie aulne, ou de demie aulne demy quart entre les deux lizieres, à peine
de quatre livres parifis d'amende, & de confifcation.

L I V.

Papelines,
ou filatrices.
SERA permis de faire des papelines, filatrice,
& autres étoffes tramées de fleuret, ou filozelles,
tant plaine, figurée, fous quelques noms qu'elles
foient nommées, tant à deux, qu'à quatre fils ;
qu'au deffus feront d'une demie aulne entiere de

largeur, ou de demie aulne demy quart, & auron
une liziere d'un feul cofté de l'étoffe, de differente
couleurs à la chefne, pour la difcerner d'avec les
autres étoffes de fine & pure foye.

L V.

QuANT à la brocatelle, toile de pourpoint, *Etoffes &*
écharpe de foye, Epyptienne, fatin de la Chine, *ouvrages*
Damas, Caffart, Camelotine, Modefne, fatin de *mélangées.*
Bruge, Legatine, ferge Dauphine, étamine du Lu-
de, & autres camelots, trippe de velours, oftade, demy oftade, bafins, fuftaines, moncayart, & generalement toutes fortes d'étoffes, inventées, ou à in-
venter, faites, ou mélées de poil, fleuret, fil, laine
& cotton, fuivant l'échantillon, commiffion, ou
commande, qui feront données aufdits Marchands & Maiftres, feront du moins de la largeur de demie aulne moins un feize, ou demie aulne entiere, ou demie aulne un feiziéme d'aulne, à
peine de vingt-quatre livres parifis d'amende.

L V I.

ET pour ce qui eft des moires unies, burails, ou *Moires, lif-*
ferandines, tant plaines, façonnées, que figurées, *fes & feran-*
tramées de laine, poil, fil, cotton, ou foye, pour- *dines.*
ront eftre faites de quatre largeurs feulement; fçavoir, d'un quartier & demy, & de demie aulne
moins un feize, de demie aulne entiere, ou de demie aulne un feize, & fans qu'elles puiffent eftre
plus larges, ny plus étroites que de deux dents de

peigne, qui eſt de l'époiſſeur d'un teſton, à peine
de quarante-huit livres pariſis d'amende , & de ſaiſie de la marchandiſe, & ne pourront leſdits Marchands Ouvriers fabriquans, méler, ou faire méler
de la ſoye cruë, ou teinte ſur cruë, avec de la ſoye
cuite, ſoit dans les moires, ferandines, ou autres
étoffes ; mais feront toutes les étoffes cy-devant, ou
aprés ſpecifiées , toutes de ſoye cuite en cheſne,
poil, trame, ou broché , ou toutes de ſoye cruë,
ſans aucun mélange de la cruë avec la cuite, le tout
à peine d'eſtre les marchandiſes confiſquées , &
coupées, & de quarante-huit livres pariſis d'amende pour la premiere fois, & de plus grande peine
pour la ſeconde.

LVII.

Toiles de
ſoye, & ga-
zes.

Feront des toiles de ſoye, gaze, étamines ,
crapaudaille, priſonnieres , & generalement toutes autres ſemblables étoffes, qui ſeront tant en
cheſne, qu'en trame, de bonne & pure ſoye, à peine de confiſcation, & de vingt-quatre livres d'a-
mende : Feront auſſi des creſpes, creſpées, creſpes
unis, & gros creſpes, de la meſme façon & qualité
que ceux qui viennent de Boulongne, aprés toutesfois le temps expiré du privilege accordé au ſieur
Bourgey pour leſdits creſpes.

LVIII.

Draps d'or
faux.

Pourront les Marchands, & Maiſtres dudit
Eſtat, faire, & faire faire de toutes ſortes d'étoffes

d'or, & d'argent faux, à la charge de ne point y méler du fin, à peine contre les contrevenans de confifcation defdites marchandifes, & de quatre-
vingt livres parifis d'amende pour la premiere
fois, & punition corporelle, en cas de recidive.

L I X.

LES Marchands forains qui ameneront, ou fe- *Marchandi-*
ront venir en cette ville, faux-bourgs, & banlieuë *fes foraines.*
de Paris des étoffes, ou ouvrages cy-deſſus mentionnées, & dépendantes dudit Eftat, feront tenus
de les faire porter lors de leur arrivée, au Bureau de
ladite Communauté, pour eftre veuës, & marquées par les Maiftres, & Gardes en charge, dans
vingt-quatre heures aprés leur arrivée audit Bureau; & eftans trouvées de la bonté, & qualité re-
quife, le Clerc de la Communauté fe tranfportera
chez les Marchands, & Maiftres dudit Corps, pour
leur en donner avis, & les achepter, & lotir, fi bon
leur femble, finon feront renduës aufdits Marchands forains, pour les vendre en temps de Foi-
res, à peine contre les contrevenans de confifcation des marchandifes, & de quatre-vingt livres
parifis d'amende, & payeront lefdits Marchands
forains, pour la marque & garde de chaque piece
d'étoffe, un fol tournois, dont la moitié fera pour
le profit & pour les affaires de la Communauté,
& l'autre pour les vacations defdits Maiftres &
Gardes.

L X.

LES Marchands, & Maiftres dudit Eftat, pourront tenir moulin à foye, mouliner, appareiller, achepter, & vendre toute forte de foye., & feront lefdites foyes Suries, Belledine, Bourne, Cantal, & Milan, filez de deux points de retordement, qui eft feize, fous dix-huit pour retorde; & lefdites foyes fines auront fix points, qui eft vingt, fous quatorze. Les foyes communes feront filées de point fur le point, qui eft feize, fous feize, & quatorze, fous quatorze; & les rondes couvriront de deux point, & feront retors de quatre points, & les communes de fix, mefme pourront teindre, & faire teindre leurs foyes chez eux.

L X I.

ET attendu que lefdits Maiftres, & Gardes Iurez, au nom du Corps, ont des premiers financé à noftre Efpargne, en execution de noftre Declaration du mois d'Aouft mil fix cens cinquante-fept, regiftrée & verifiée au Parlement le quatriéme Septembre enfuivant, & autres Arrefts du Confeil donnez en confequence, fuivant la quittance du Treforier de noftre Efpargne du dernier Novembre mil fix cens cinquante-huit, aucun ne pourra eftre receu Maiftre dudit Eftat, tenir boutique ouverte, ny faire travailler en cette ville, faux-bourgs, & banlieuë de Paris, en vertu, ny fous pretexte d'aucunes Lettres, foit en confideration d'avenement à la Couronne des Rois nos predeceffeurs, & fucceffeurs, majoritez, maria- ges, naiffances des Dauphins, entrées dans les villes du Royaume, titres d'enfans de France, & premier Prince du Sang, ou de Couronnement, entrées & regence des Reines, & de quelques au- tres generalement quelconques, pour quelques caufes, & occafions que fe puiffent eftre.

L X I I.

CHACUN Maiftre dudit Eftat, tiendra un Ta- bleau en fa boutique, & lieu de fes Manufactures, fur lequel fera écrit les prefens Statuts & Regle- mens, afin que chacun defdits Maiftres dudit Eftat, Compagnons, Ouvriers, Apprentifs, & au- tres perfonnes employées dans lefdites Manufa- ctures, n'en pretendent caufe d'ignorance. *Tableau des Statuts dans le lieu des Manufactu- res.*

L X I I I.

SERONT toutes les amendes & confifcations adjugées pour les contraventions aux prefens Sta- tuts, Ordonnances & Reglemens, applicables; fçavoir, un tiers au Roy, un tiers aux pauvres de l'Hofpital general, & l'autre tiers aux Maiftres & Gardes en charge. *Amendes.*

L X I V.

Tous lefquels articles defdits Statuts, Ordon- nances, & Reglemens, feront gardez, & obfer- vez inviolablement, & fans excufes, ny exce- *Execution des Statuts.*

ptions quelconques, fuivant qu'ils font cy-deſſus ſpecifiez, & ſur les peines portées par iceux. Si-gnez, M. Charlier, N. Gueſnon, T. Babin, R. le Clerc, P. Bellanger, I. Roſſignol. Ainſi ſigné, DE GUENEGAUD, avec paraphe.

LE

EXTRAICT DES REGISTRES
du Conseil d'Estat.

LE Roy s'estant fait representer en son Conseil Royal de Commerce, l'Arrest de son Conseil du dixiéme Septembre mil six cens soixante-six, rendu sur la Requeste presentée à sa Majesté, par les Maistres & Gardes des Marchands & Ouvriers en draps d'or, d'argent, & soye de la ville & faux-bourgs de Paris, par lequel sa Majesté auroit renvoyé au Prevost de Paris les articles presentez par lesdits Maistres & Gardes, contenans les nouveaux Statuts, Ordonnances & Reglemens des Manufactures desdits draps d'or, d'argent, & soye, de ladite ville, faux-bourgs & banlieuë de Paris, pour sur iceux donner son avis. Iceluy vû & rapporté au Conseil, estre ordonné ce qu'il appartiendra par raison. Lesdits nouveaux Reglemens & Statuts, contenans soixante-quatre articles, signez desdits Maistres & Gardes des Mar-

F

chands, les anciens Statuts defdites manufactures de l'année mil fix cens quinze. L'Arreſt du Conſeil du huitéme Avril mil fix cens foixante-fix, portant reglement entre leſdits Marchands Ouvriers en draps d'or, d'argent, & foye. Et les Tiſſutiers & Rubanniers de ladite ville de Paris; enſemble l'avis des fieurs de la Reynie Conſeiller de ſa Majeſté en ſes Conſeils, Maiſtre des Requeſtes ordinaire de ſon Hoſtel, & Lieutenant de la Police en ladite ville, Prevoſté & Vicomté de Paris, & de Rians, auſſi Conſeiller de ſa Majeſté, & ſon Procureur au Chaſtelet de Paris, du trentiéme May mil fix cens foixante-fept, portant que ſa Majeſté, pour accorder auſdits Marchands, Maiſtres Ouvriers en draps d'or, d'argent, & foye, leſdits nouveaux Statuts, n'y ayant rien qui foit contraire à l'intereſt public. A quoy ſa Majeſté voulant pourvoir: Oüy le rapport du fieur Colbert Conſeiller en ſon Conſeil Royal, Controolleur General des Finances, Sur-Intendant des baſtimens de ſa Majeſté, Arts & Manufactures de France. LE ROY EN SON CONSEIL ROYAL DE COMMERCE, A approuvé & confirmé leſdits nouveaux Reglemens, & Statuts des Manufactures de draps d'or, d'argent, & de foye de la ville, faux-bourgs & banlieüe de Paris, contenant foixante-quatre articles, qui feront attachez à l'expedition du prefent Arreſt: Ce faifant ordonne ſa Majeſté qu'iceux feront homologuez par tout où il appartiendra, pour eſtre gardez & obfervez felon leur forme & teneur; &

qu'à cét effet toutes Lettres neceſſaires ſeront ex‑
pediées; & cependant ſeront leſdits Reglemens &
Statuts executez en vertu du preſent Arreſt, non‑
obſtant oppoſitions , ou appellations , & empeſ‑
chemens quelconques; & ſans préjudice d'icelles,
dont ſi aucunes interviennent, ſa Majeſté s'eſt reſer‑
vé à ſoy & à ſon Conſeil de commerce la connoiſ‑
ſance, & icelle interdite à tous autres Iuges. Fait au
Conſeil d'Eſtat du Roy tenu à Compiegne le
neufiéme jour de Iuillet mil ſix cens ſoixante‑ſept.
Signé, D E G V E N E G A V D, avec paraphe.

L O V I S, par la grace de Dieu Roy de France
& de Navarre; A tous preſens & avenir, Sa‑
lut. Par Arreſt rendu ce jourd'huy en noſtre Con‑
ſeil Royal de Commerce, nous y ſeant: Et pour les
conſiderations y contenuës, nous aurions approuvé
& confirmé les nouveaux Reglements & Statuts
des manufactures de draps d'or, d'argent, & ſoye
de noſtre villé, faux‑bourgs & banlieuë de Paris,
contenant ſoixante‑quatre articles , ſignez par les
Maiſtres & Gardes des Marchands & Ouvriers en
ladite Draperie : Ce faiſant ordonné qu'ils ſeront
homologuez par tout où il appartiendra, pour eſtre
gardez & obſervez ſelon leur forme & teneur, &
qu'à cét effet toutes Lettres neceſſaires ſeront ex‑
pediées. A C E S C A U S E S voulant favorablement
traiter le Commerce, & l'établiſſement des Manu‑
factures dans la ville capitale de noſtre Royaume:
De l'avis de noſtre Conſeil, qui a vû l'Arreſt de no‑

F ij

ftredit Confeil du dixiéme Septembre mil fix cens
foixante-fix, rendu fur la Requefte à nous prefen-
tée par les Maiftres & Gardes des Marchands &
Ouvriers efdits draps d'or, d'argent, & de foye de
noftredite ville & faux-bourgs de Paris, portant
renvoy à noftre Prevoft de Paris des articles pre-
fentez par lefdits Maiftres & Gardes, contenant
lefdits nouveaux Statuts, Oadonnances & Reglemens, pour fur iceux donner fon avis; iceluy vû
& rapporté en noftre Confeil, eftre ordonné ce
qu'il appartiendra par raifon; lefdits nouveaux Reglemens & Statuts, contenans foixante-quatre articles; les anciens ftatuts defdites manufactures de
l'année mil fix cens quinze; l'Arreft de noftre Confeil du huitiéme Avril mil fix cens foixante-fix, portant reglement entre lefdits Marchands & Ouvriers en ladite Draperie d'or, d'argent & de foye,
& les Tuffutiers, Rubanniers de noftredite ville de
Paris; l'avis des fieurs de la Reynie Confeiller en
noftre Confeil, Maiftre des Requeftes ordinaire
de noftre Hoftel, & Lieutenant de la Police en noftredite ville, Prevofté & Vicomté de Paris, & de
Rians, auffi noftre Confeiller & Procureur au Chaftelet de Paris, du trentiéme May mil fix cens foixante-fept; enfemble ledit Arreft de noftre Confeil
Royal de Commerce; le tout cy-attaché fous le contre-feel de noftre Chancellerie. Et de noftre grace
fpeciale, pleine puiffance, & authorité Royale:
Nous avons approuvé, confirmé, & homologué,
& par ces prefentes fignées de noftre main, ap-

prouvons , confirmons , & homologuons lefdits Reglemens & Statuts, voulons qu'ils foient execu- tez de point en point , felon leur forme & teneur. Si donnons en mandement à nos amez & feaux Confeillers les Gens tenans noftre Cour de Par- lement à Paris , que ces prefentes ils ayent à re- giftrer , & du contenu en icelles faire joüir , & ufer les Marchands. & Ouvriers en draps d'or , d'ar- gent , & de foye de noftredite ville , faux-bourgs & banlieüe de Paris , pleinement , paifiblement , & perpetuellement , ceffans , & faifans ceffer tous troubles & empefchemens , qui pourroient eftre mis & donnez au contraire. Mandons en outre au Lieutenant de la Police de noftredite vil- le , Prevofté & Vicomté de Paris , & à noftre Procureur audit Chaftelet de Paris , & tous autres Iuges & Officiers qu'il appartiendra, de tenir la main à l'execution des prefentes : C A R tel eft no- ftre plaifir. Et afin que ce foit chofe ferme & fta- ble à toûjours , nous avons fait mettre noftre feel à cefdites prefentes. Donné à Compiegne au mois de Iuillet l'an de grace mil fix cens foixante- fept,& de noftre Regne le vingt-cinquiéme. Signé, L O V I S , Et fur le reply ; Par le Roy, D E G u e- n e g a u d , avec grille & paraphe , & feellé du grand Sceau de la Chancellerie , fous le contre-feel d'icelle , le tout de cire verte en lacs de foye rouge & verte : Et fur le reply eft écrit, Vifa S e g u i e r ; Et plus bas , Pour fervir aux Lettres patentes de confirmation des Statuts de la ville de Paris , tou-

chant les Marchands Ouvriers en draps d'or &
de foye de ladite ville.

*Regiſtré , oüy le Procureur General du Roy , pour
jouïr par les Impetrans de l'effet du contenu en icelles.
A Paris en Parlement le*

ARREST

DV CONSEIL D'ESTAT DV ROY,

SA MAIESTE' Y ESTANT,

Portant reglement entre les Marchands Ouvriers
en draps d'or, d'argent & de soye , d'établisse-
ment Royal, d'une part : Et les Tissutiers & Rubanniers de la ville de Paris , d'autre.

EXTRAICT DES REGISTRES
du Conseil d'Estat.

V Eu au Conseil d'Estat du Roy, Sa Majesté y estant , l'Arrest dudit Conseil
du 18. Iuillet 1665. contradictoirement rendu entre Martin Beaufrere, Nicolas Farcy, Claude le Chaul-
ve, Estienne Houssaye , Blaise Bouvreau & confors, tous anciens Marchands , Maistres & Ouvriers en draps d'or, argent & soye de la grande
Navette, dits de la place Royale, demandeurs d'une
part : Iacques Bourdin, Iean Compoint, Gilbert
Ride, Maistres Ouvriers en draps d'or, d'argent
& soye, Tissutiers & Rubanniers à Paris, anciens

Iurez de ladite Communauté, Marcelin Charlier, au nom qu'il procede, Nicolas Ragon & conforts, deffendeurs d'autre part : Et entre Iean le Fevre l'aifné, Pierre Autin, Iean Perrier, Guillaume Cheron, Richard Coiffet, Guillaume & Eftienne Noël, Hugues Bacqueville, Daniel de Laiftre, François Butin, Iean le Fevre le jeune, Martin Chopart, François Gilguin, Thomas Roüillier, Philippes Guillin, Pierre le Vaffeur, François Martin, Iacques Hervin, Robert la Neufverüe, Louïs Laifné, Iacques Morral, tous Maiftres Ouvriers en foye, Tiffutiers, Rubanniers de la ville de Paris, & autres, qui ont paffé par la charge de Iurez dudit Art & Meftiers, intervenans & demandeurs d'autre part : Contre lefdits Beaufrere, Farcy, Charlier, Iean Cadayne, Eftienne Croifault, Marchands de la ville & faux-bourgs de Paris, eftans en charge, des deux Corps unis, appellez de la grande & petite Navette, Ragon, & conforts; Bourdin, & conforts, Henry Pichon, & Nicolas Quefnon, deffendeurs d'autre part : Par lequel Arreft fa Majefté fans s'arrefter à la tranfaction du 10. May 1644. a remis les parties en l'eftat qu'elles eftoient auparavant icelle, & tout ce qui s'en eft enfuivy, & ordonné que les Maiftres Ouvriers és draps d'or & foye, dits de la place Royale, demeureront feparez d'avec les Maiftres Tiffutiers & Rubanniers de Paris, & en confequence que les Maiftres defdits deux Meftiers feront à l'avenir deux corps de Meftiers feparez, & nommeront dans chacun d'iceux des Iurez pour vifiter

siter les ouvrages en la maniere accouftumée , &
ainfi qu'il fe pratique dans les autres Maiftrifes; Que
lefdits Maiftres obferveront chacun à leur égard les
Statuts & Reglemens faits avant ladite tranfaction,
fe refervant neantmoins fa Majefté de pourvoir fur
les articles defdits Statuts en ce qu'ils pourroient
eftre contraires les uns aux autres , & d'y adjoûter
ou diminuer ce qui fera par elle trouvé à propos,
pour éviter à l'avenir les differens des deux Maiftrifes, & pour empefcher les abus qui fe peuvent
commettre dans les fabriques des manufactures
defdits Meftiers : Qu'à la diligence du Procureur
de fadite Majefté au Chaftelet, vingt Maiftres des
plus anciens de chacunes defdites Maiftrifes, feront affemblez feparément par devant luy dans
quinzaine, à compter du jour dudit Arreft , pour
eftre par eux en fa prefence dreffé des memoires fur
lefdits Statuts, & fur ce qui leur fera plus utile au
bien public, & plus avantageux aufdits Maiftres,
lefquels memoires feront enfuite remis par devers
le fieur de la Reynie, que fadite Majefté a commis
& député pour eftre par luy veus & examinez: Et
aprés en avoir communiqué au fieur Colbert, fur
fon rapport eftre pourveû fur le tout ainfi qu'il appartiendra: Cependant que les Maiftres d'une & de
l'autre defdites Maiftrifes déja receus , auront la
la liberté de s'infcrire de celle que bon leur femblera, fans eftre tenus de faire aucun nouveau chef-
d'œuvre, ny qu'il foit befoin d'autre reception que
celle qui aura efté cy-devant faite : Ce qu'ils feront

tenus d'opter dans trois mois, & de s'inscrire dans
ledit temps dans le Regiftre de la Communauté,
du Meftier duquel ils voudront eftre. Procez ver-
bal du Procureur du Roy audit Chaftelet de Paris,
du dernier Aouft audit an 1665. qui contient la no-
mination faite en fa prefence, en execution dudit
Arreft du Confeil, dans le Bureau de la Communauté defdits Marchands Ouvriers en draps d'or,
d'argent & de foye de la grande Navette, d'éta-
bliffement Royal des perfonnes defdits Beaufrere,
Farcy, le Chauve, Houffaye, Bouvreau, Claude
l'Hofte, Gerard Bouchery, Pierre du Port, Nicolas Ragon, Pierre Belanger, Iean le Maire, René
Contereau, François Tourtay, Iean Boulemaire,
Auguftin Barré, Antoine Audiger, le nommé la
Vallée Mangean   Lambert Perre, François Alais, & Gabriël Boutrou fieur Defmarais,
vingt d'entr'eux, pour dreffer les memoires ordon-
nez par le fufdit Arreft, lefdits memoires faits en
prefence dudit fieur Procureur du Roy, fuivant ledit Arreft par les vingt Maiftres anciens Tiffutiers
Rubanniers, & Ouvriers en draps d'or, & d'argent
& foye de la ville, cité, faux-bourgs, Prevofté &
Vicomté de Paris, choifis & nommez par leur Communauté. Sentence dudit fieur Procureur du Roy
du Chaftelet du 17. Novembre 1665. contradictoirement renduë entre Luc Saugon, Gabriël Chevalier, Pierre des Hayes, Pierre du Bois, Pierre Tril-
let, Iean du Vivier, Pierre Bertignon, Charles
Champagne, Pierre du Bois, Pierre Flament, Ni-

colas Goguet, Touſſaints Dupuis, Antoine Char-
tier, Abraham & Iſaac, Iſaïe Flament, Iean Bou-
cher, Iacques du Vivier, François Haulduroy,
Iacques Deſprez, Charles Fraim, Iozias Martin,
& Pierre Bertillier, tous Maiſtres Ouvriers en draps
d'or, argent & ſoye de la grande Navette dits de la
place Royale, d'une part, & les Iurez & Gardes de la
Communauté des Maiſtres Marchands Ouvriers
en draps d'or, argent & ſoye d'établiſſement Royal,
d'autre part ; par laquelle acte a eſté donné auſdits
Sauguon, Chevalier, Deshayes & conſorts, de la
repreſentation de leurs Lettres de Maiſtriſes, & de
leur option faite en conſequence dudit Arreſt du
Conſeil, de vouloir eſtre du Corps de la Communauté de la grande Navette, & ordonne qu'ils ſe
pourvoiroient devant ledit ſieur de la Reynie Rap-
porteur dudit Arreſt du 18. Iuillet 1665. pour leur
eſtre fait droit. Statuts & Reglemens des Tiſſutiers
& Rubanniers de la ville & faux-bourgs de Paris
des années 1403. & 1514. Autres Reglemens deſdits
Tiſſutiers Rubanniers en draps d'or, argent & ſoye
de ladite ville, du mois d'Aouſt 1585. Les Statuts &
Ordonnance des Maiſtres Ouvriers en draps d'or,
d'argent & de ſoye, Maiſtres & Marchands de ladite ville & faux-bourgs de Paris, faiſant leur reſiden-
ce en la place Royale, regiſtrez au Parlement de
Paris le 22. dudit mois d'Aouſt 1615. Arreſt dudit
Parlement rendu contradictoirement entre les
Maiſtres Marchands Ouvriers en draps d'or, argent & ſoye, & les Tiſſutiers & Rubanniers de la

ville de Tours, du 10. Fevrier 1571. Lettres patentes du mois de Decembre 1616. par lefquelles ledit
Arreft, enfemble tous les Reglemens faits pour
lefdites Communautez de ladite ville de Tours,
ont efté declarez communs pour celle de la ville de
Lyon. Statuts & Reglemens faits pour lefdites
Communautez de Lyon: Oüy le rapport du fieur
de la Reynie Confeiller du Roy en fes Confeils,
Maiftre des Requeftes ordinaire de fon Hoftel, qui
en a communiqué au fieur Colbert Confeiller au
Confeil Royal, Controolleur general des Finances: Et tout confideré; LE ROY ESTANT EN
SON CONSEIL, conformément à l'Arreft dudit
Confeil du 18. Iuillet dernier, a ordonné & ordonne, que les Maiftres Ouvriers en draps d'or, &
de foye, dits de la place Royale, demeureront &
feront à l'avenir feparez d'avec les Maiftres Tiffutiers & Rubanniers de la ville de Paris, & feront
deux Corps de Maiftrife; ce faifant a declaré & de-
clare communs entr'eux les Reglemens cy-devant
faits entre les Ouvriers de femblables Maiftrifes
des villes de Tours & de Lyon, & conformément
à iceux lefdits Ouvriers en draps d'or, d'argent & de
foye, pourront feuls travailler aux grandes manufactures des étoffes d'or, d'argent, & de pure & fine foye, des façons, largeur & bonté d'Italie, comme auffi à toutes autres étoffes, & de toutes largeurs
de fabriques particulieres de France, & autres
païs, foit qu'elles foient de pure & fine foye, ou
meflées de fleuret, poil, fil, laine, ou cotton, à la

charge neantmoins que toutes lefdites étoffes, tant
d'or, ou d'argent, que pure & fine foye, ou meflées,
feront en largeur d'un tiers d'aulne, & au deffus:
Deffenfes aufdits Ouvriers de faire fabriquer aucuns rubans, ou autres étoffes de largeur au deffous dudit tiers d'aulne, mefme de tenir chez eux
aucuns meftiers des étoffes qui fe travaillent à la
petite Navette, à peine de cent livres d'amende,
& de confifcation defdites étoffes & meftiers:
Pourront auffi lefdits Maiftres Tiffutiers & Rubanniers feuls, rravailler à la manufacture des rubans, &
de tous autres ouvrages d'or, ou argent, ou de fine ou
pure foye, ou mélées de poil, fleuret, fil, laine ou
cotton, pourveu que lefdites ouvrages foient en
largeur au deffous d'un tiers d'aulne. Deffenfes aufdits Maiftres Tiffutiers & Rubanniers, de faire &
fabriquer aucunes étoffes, excedans ladite largeur,
& de tenir dans leurs maifons, ou ailleurs, aucuns
meftiers des étoffes de la grande Navette, auffi à
peine de cent livres d'amende, & de confifcation
defdites étoffes & meftiers: Et pour donner moyen
aux Maiftres defdites deux Maiftrifes, de prendre
celuy des deux meftiers qui leur fera le plus convenable; Sa Majefté a prorogé & proroge encores
pour deux mois, à compter du jour du prefent Arreft, le delay porté par celuy dudit jour 18. Iuillet
dernier aufdits Maiftres, pour faire l'option portée
par iceluy, pendant lefquels ils auront la liberté de
s'infcrire fur le livre de la Communauté de celuy
des deux meftiers que bon leur femblera, & fans

frais, & ſans chef-d'œuvre nouveau ; & à faute de faire ladite option dans ledit delay de deux mois, & iceluy paſſé, ne pourront aucuns Maiſtres eſtre receus, ny ſe dire d'aucunes deſdites Maiſtriſes, qu'auparavant ils n'ayent, & tout de nouveau fait chef-d'œuvre de celuy des deux meſtiers qu'ils voudront exercer, & pour l'execution du preſent Arreſt & Reglemens, circonſtances & dépendances ; Sa Majeſté a renvoyé les parties en premiere inſtance pardevant le Prevoſt de Paris, & par appel au Parlement, & ſans deſpens. Fait au Conſeil d'Eſtat du Roy, ſa Majeſté y eſtant, tenu à Verſailles le 8. jour d'Avril mil ſix cens ſoixante-ſix. Signé, D E GUENEGAUD.

LOVIS, par la Grace de Dieu Roy de France & de Navarre ; Au Prevoſt de Paris, ou ſon Lieutenant Civil, Salut. Par l'Arreſt dont l'Extrait eſt cy-attaché, ſous le contre-ſeel de noſtre Chancellerie, ce jourd'huy donné en noſtre Conſeil d'Eſtat, nous y eſtant, pour raiſon des conteſtations d'entre Martin Beaufrere, & autres y dénommez, anciens Marchands, Maiſtres & Ouvriers en draps d'or, argent & ſoye de la grande Navette, dits de la place Royale, demandeurs d'une part : Iacques Bourdin & conſors, Maiſtres Ouvriers en draps d'or, argent & ſoye, Tiſſutiers Rubanniers à Paris, anciens Iurez de ladite Communauté, Marcellin Charlier, & autres deffendeurs, d'autre part : Et entre Iean le Fevre l'aiſné & conſors, Maiſtres Ou-

vriers en foye , Tiffutiers & Rubanniers de ladite
ville de Paris, & autres, qui ont paffé par la Charge
de Iurez dudit Art & Meftier, intervenans & demandeurs contre ledit Beaufrere & confors, Marchands de la ville & faux-bourgs de Paris, eftant en
charge des deux Corps unis, appellez de la grande
& petite Navette, & autres dénommez audit Arreft, deffendeurs d'autre part : Nous avons ordonné conformément à l'Arreft dudit Confeil du 18.
Iuillet dernier , que les Maiftres Ouvriers en draps
d'or & de foye, dits de la place Royale, demeureront & feront à l'avenir feparez d'avec les Maiftres
Tiffutiers & Rubanniers de ladite ville de Paris, &
feront deux Corps de Maiftrifes; Ce faifant declarez
communs entr'eux les Reglemens cy-devant faits
entre les Ouvriers de femblables Maiftrifes des
villes de Tours & Lyon, & conformément à iceux,
que lefdits Ouvriers en draps d'or & foye, pourront feuls travailler aux grandes manufactures d'or,
d'argent & de pure & fine foye des façons, largeur
& bonté d'Italie, comme auffi à toutes autres étoffes, & de toute largeur, des fabriques particulieres
de France, & autres païs, foit qu'elles foient de pure & fine foye, ou mélées de fleuret, poil, fil, laine,
ou cotton ; à la charge neantmoins que toutes lefdites étoffes, tant d'or ou d'argent, que de pure &
fine foye, ou mélée, feront en largeur d'un tiers
d'aulne & au deffus, avec deffenfes aufdits Ouvriers
de faire fabriquer aucuns rubans, ou autres étoffes
de largeur au deffous dudit tiers d'aulne , mefmes

de tenir chez eux aucuns meſtiers des étoffes qui ſe travaillent à la petite Navette, à peine de cent livres d'amende, & de confiſcation deſdites étoffes & meſtiers, & que leſdits Maiſtres Tiſſutiers & Rubanniers pourront ſeulement travailler à la manufacture de rubans, & de tous autres ouvrages d'or ou argent, pure & fine ſoye, ou mélée de poil, fleuret, fil, laine ou cotton, pourveu que leſdits ouvrages ſoient en largeur au deſſous d'un tiers d'aulne, avec deffenſes auſdits Maiſtres Tiſſutiers & Rubanniers, de faire & fabriquer aucunes étoffes excedans ladite largeur, & de tenir dans leurs maiſons, ou ailleurs, aucuns meſtiers deſdites étoffes de la grande Navette, auſſi à peine de cent livres d'amende, & de confiſcation deſdites étoffes & meſtiers : Et pour donner moyen aux Maiſtres deſdites deux Maiſtriſes, de prendre celuy des deux Meſtiers qui leur ſera le plus convenable : Nous avons encores prorogé pour deux mois, à compter du jour du preſent Arreſt, le delay porté par celuy dudit jour 18. Iuillet dernier, auſdits Maiſtres, pour faire l'option portée par iceluy, pendant leſquels ils auront la liberté de s'inſcrire ſur le livre de la Communauté de celuy des deux Meſtiers que bon leur ſemblera, ſans frais & ſans chef-d'œuvre nouveau ; & à faute de faire ladite option dans ledit delay de deux mois, & iceluy paſſé, ne pourront aucuns Maiſtres eſtre receus, ny ſe dire d'aucunes deſdites Maiſtriſes, qu'auparavant ils n'ayent tout de nouveau fait chef-d'œuvre de celuy des deux Meſtiers
qu'ils

qu'ils voudront exercer : Et pour l'execution dudit
Arreſt & Reglemens, circonſtances & dépendances; Nous avons renvoyé les parties en premiere inſtance pardevant vous, & par appel au Parlement :
A CES CAUSES, Nous vous mandons & ordon-
nons par ces preſentes, ſignées de noſtre main, de
faire auſdites parties bonne & briéve juſtice, conformément audit Arreſt, pour l'execution duquel
commandons au premier des Huiſſiers de noſtredit
Conſeil, ou autre noſtre Huiſſier ou Sergent ſur ce
requis, faire tous commandemens, ſommations,
deffenſes ſur les peines y portées, & autres actes &
exploits requis & neceſſaires, ſans autre permiſſion : Et ſera adjoûté foy comme aux originaux aux
copies dudit Arreſt, & des preſentes collationnées
par l'un de nos amez & feaux Conſeillers & Secre-
taires : Car tel eſt noſtre plaiſir. Donné à Verſailles le huitiéme jour d'Avril l'an de grace 1666. & de
noſtre Regne le vingt-troiſiéme. Signé, L O V I S :
Et plus bas, Par le Roy, D E G U E N E G A U D.

Collationné aux Originaux les   pieces
cy-devant imprimées, contenant
feuilles, par moy Conſeiller Secretaire du Roy,
Maiſon & Couronne de France, & de ſes
Finances,

H

LETTRE DE RECEPTION.

Tous ceux qui ces presentes Lettres verront, Pierre Seguier, Chevalier Baron de Saint Briſſon, Seigneur des Ruaux & de Saint Firmin, Gentilhomme ordinaire de ſa Chambre, & Garde de la Prevoſté & Vincomté de Paris. SALUT, ſçavoir faiſons, qu'aujourd'huy

a eſté receu Marchand & Maiſtre Ouvrier en draps d'or, d'argent & ſoye, & autres façons & appareils d'étoffes d'or, d'argent, ſoye, poil de Chameau, fil, laine & cotton, d'établiſſement Royal, ayant ſatisfait aux Statuts & Reglemens, & fait chef-d'œuvre ſur un des quatre draps, en cette ville de Paris, & par toutes les autres villes de ce Royaume, ainſi qu'il eſt plus amplement porté par leurs Statuts & Ordonnances, verifiées où beſoin a eſté, en la preſence de

Maiſtres & Gardes du Corps & Communauté, & par eux preſenté pour de ladite Maiſtriſe & negoce de draps d'or, d'argent, ſoye, poil, fil, laine & cotton, jouyr & uſer pleinement & paiſiblement, tant en cette ville, faux-bourgs, qu'autres villes, villages,

bourgs & bourgades du Royaume de France, fans
que ledit   foit tenu prefter autre
ferment que celuy prefté pardevant Nous, ny d'e-
ftre tenu d'aucune chofe, finon de faire apparoir
de la prefente Lettre de reception audit Eftat, & a
ledit   fait le ferment de bien
& deuëment exercer ladite Marchandife, Manufa-
&ture & negoce, garder les Statuts & Ordonnances dudit Eftat, & fouffrir la vifitation des Maiftres
& Gardes Iurez dudit Corps & Communauté en la
maniere accouftumée. Ce fut fait & donné par
Nous ARMAND IEAN DE RIANTZ, Che-
valier Baron de Riveray, Seigneur de la Galeziere,
& autres lieux, Confeiller du Roy en fes Confeils
d'Eftat & Privé, Procureur de fa Majefté au Chaftelet, Siege Prefidial en la ville, Prevofté & Vicomté de Paris, Premier Iuge & Confervateur des
Corps des Marchands, Arts, Meftiers, Maiftrifes
& Iurandes de ladite ville, faux-bourgs & banlieuë
le   jour de   mil fix cens

Marchand & Maiftre Ouvrier
en draps d'or, d'argent, &
foye.

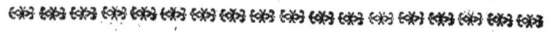

A La Requeſte des Maiſtres & Gardes Iurez du Corps des Marchands & Ouvriers en Draps d'Or, d'Argent, & Soye, de la Ville, Prevoſté & Vicomté de Paris, d'Etabliſſement Royal, ſoit donné copie à   l'un deſdits Marchands & Maiſtres dudit Corps, des Statuts & Reglemens qu'il a plû au Roy de leur accorder, des Lettres Patentes expediées ſur iceux, Arreſts & Reglemens du Conſeil du Roy, à ce qu'il n'en ignore; & ait à les obſerver de ſa part, dont Acte; & ont ſigné

L'An mil ſix cens ſoixante-ſept, le jour de   l'Acte cy-deſſus a eſté par moy Huiſſier Sergent à Verge au Chaſtelet de Paris, ſous-ſigné, bien & deuëment ſignifié au ſieur   Marchand & Maiſtre Ouvrier en Draps d'Or, d'Argent, & Soye de cette-dite Ville de Paris, & luy en ay laiſſé copie, enſemble des Pieces mentionnées par iceluy, ſigné deſdits Maiſtres & Gardes, en parlant à en ſon domicile, preſens témoins

LE S MARCHANS ET M.^{ds} OWRIERS
EN DRAPS D'OR ET DE SOYE D'ES-
TABLISSEMENT ROYAL A PARIS.

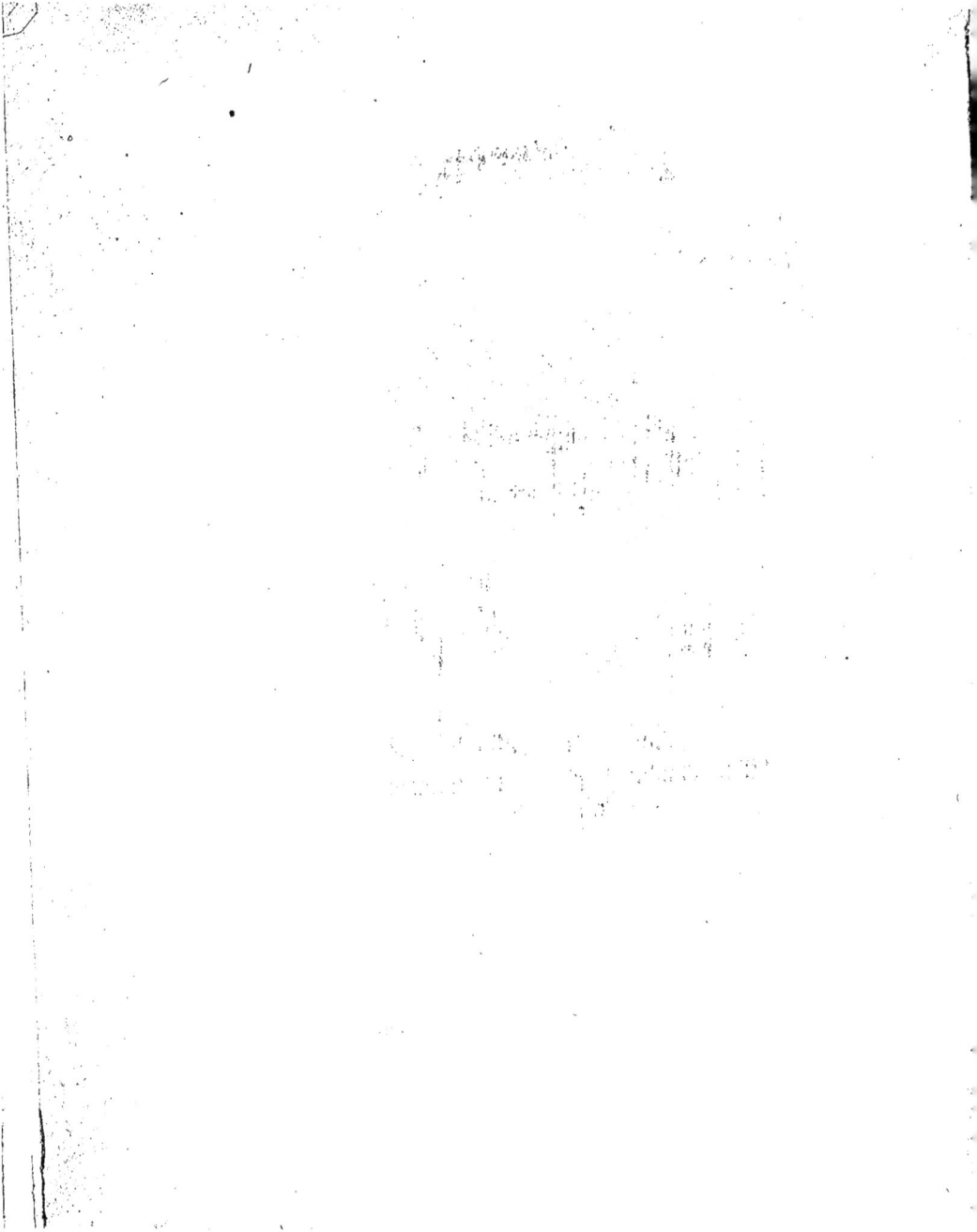

www.ingramcontent.com/pod-product-compliance
Lightning Source LLC
Chambersburg PA
CBHW070946280326
41934CB00009B/2022